T0103097

# Fingerstyle Guitar Songbook

## volume 1

DURAND SALABERT ESCHIG
Editions Musicales

directeur de collection :
**Christophe Mirambeau**

couverture :
**Anna Tunick**

arrangements guitare et mise en page :
**Thomas Hammje**



**EAS 20232**

---

# AVANT-PROPOS

La guitare, et un répertoire, celui de la chanson française de music-hall, d'opérette ou de cinéma d'entre-deux guerres.

Une rencontre naturelle : remplaçant peu à peu les banjos des *Jazz Bands* – une nouveauté dont Paris raffole, importée par les Tommies et les GI's de la Grande Guerre –, de fait affranchie de ses bien restrictives connotations espagnoles ou italiennes, la guitare s'impose comme un instrument majeur de la musique populaire en France après 1918 et monte en puissance dans le courant des années 20. Vincent Scotto, mélodiste de mille succès, accompagne l'alors célèbre chanteuse Cora Madou sur disques Pathé ou Gramophone, Gino Bordin, virtuose de la guitare hawaïenne compose les tubes « hawaïens » qui le rendront célèbre autour du monde sur les bords de la Seine, Dora Stroëva, poétesse chanteuse remarquée d'entre-deux guerres, accompagne elle-même son tour à la guitare – et Django Reinhardt, bien sûr, qui au mitan des années trente fait rayonner l'instrument de tout son éclat.

Ces volumes sont un florilège de titres composés par les meilleurs « fournisseurs » de thèmes – au sens *standard* – du temps. Grands mélodistes, harmonistes inventifs pour certains, habiles à capturer l'humeur musicale du moment pour d'autres, musiciens habiles et élégants dans tous les cas, ces Yvain, Oberfeld, Verdun, Padilla, et autres Szulc qui se redécouvrent dans les très élégantes versions signées de Thomas Hammje au long des pages qui suivent témoignent de la vitalité et du charme d'un répertoire qui fit le plaisir de ses contemporains – et pourrait bien, au gré des titres présentés ici, en proposer de nouveaux.

Christophe Mirambeau

# FOREWORD

The guitar, and a repertoire of French Song from music hall, operetta and cinema during the era between the two World Wars: a perfect union.

Imported by the Tommies and GI's of World War I, the guitar was an enormous hit with the Parisians and gradually came to replace the banjos in the Jazz Bands. Freed from the restrictive connotations of Spanish and Italian music, it became a major instrument in French popular music after 1918 and continued to gain in popularity throughout the 1920's. Vincent Scotto, known for his hugely successful melodies, accompanied the renowned singer Cora Madou, recording for Pathé and Gramophone records. The virtuoso Hawaiian guitarist, Gino Bordin, composed the "Hawaiian" hits that would make him famous with the crowds gathered on the banks of the Seine. Dora Stroeve, noted poet/singer in this interwar period, accompanied herself on the guitar. And last but not least, Django Reinhardt, revealed the full brilliance of the instrument throughout the mid 1930's.

These volumes are an anthology of "standards" written by the best thematic composers of the time. Yvain, Oberfeld, Verdun, Padilla and Szulc, among others, were great melodists. Some were creative harmonizers, others were skilled at capturing a musical mood, all were clever and polished musicians. In the following pages, their work can be rediscovered through the elegant arrangements of Thomas Hammje, who recreates all the vitality and charm of this repertoire that enchanted its generation, and which may very well enchant a new audience through the songs presented here.

Christophe Mirambeau
*English translation by Alyssa Landry*

# SOMMAIRE

# OH ! MAURICE

paroles
d'Alexandre Trébitsch

musique de
Henri Christiné

Allegro moderato, bien rythmé
COUPLET
H
H
H



**Oh! Maurice**

*Oh Maurice, oh, why are you so irresistible?*
*All the better to kiss you, my dear!*

1919

REFRAIN
Pas trop vite et bien rythmé

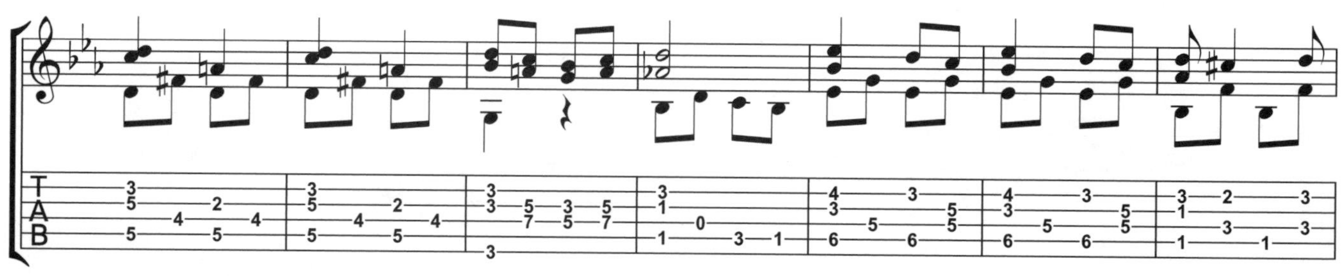

H

Allegro moderato, bien rythmé
Eb Bb7
J'au-rais pu ve - nir au mon-de Vi-lain comm' tout, Sec comm' un clou,
Eb
C'est bête comm' chou, Ou gros comme u - ne mapp' mon-de. Le nez ca - mard
F7 Bb Bb7
A - vec des gross's patt's de ho - mard. Au lieu d'ça c'n'est pas parc'
C#dim7 Bb7
que j'suis bien vê - tu Re-gar - dez-moi si j'suis jo - li-ment fou - tu !
Eb Bb7 Eb
Oh ! Mau-rice, Oh ! Mau-rice, Oh ! Mau-rice, Oh ! Dis - moi pour-quoi ta mèr' t'a fait si
Eb7 Ab D7 Gm Bb7
beau ? J'suis pas un homm', j'suis un oi - seau, Un bou - quet, u - ne fleur, un ro - seau !
Eb Bb7 Eb7 Ab
Oh ! Mau-rice, Oh ! Mau-rice, Oh ! Mau-rice, Oh ! Tou - tes les femm's veu-lent ma peau.
F7 Eb Fm Ab Bb7 Eb
Et moi je plan' comme un pa - pil-lon qui pass' En a - mour je suis un as !

Première chanson-signature de Maurice Chevalier, *Oh ! Maurice* est un refrain populaire qui définit l'artiste et son style, avant qu'il n'adopte le canotier à son retour de Londres – où il a été refaçonné par la grande Elsie Janis – au début des 20's.

*Maurice Chevalier's first 'signature song',* Oh ! Maurice *was a popular tune that defined the artist and his style before he adopted the straw boater on his return from London (where he had been made over by Elsie Janis) at the beginning of the 1920's.*

**2**
L'autre soir j'fis connaissance
Dans un salon
Rue Montholon
Ce n'fut pas long
D'une mondaine de haute naissance
Et tous les deux
On flirta comme deux amoureux
Soudain, comme je retirais mon chapeau
Elle s'écria, comme après un coup d'marteau

REFRAIN
Oh ! Maurice,
Oh ! Maurice,
Oh ! Maurice, Oh !
Dis-moi pourquoi ta mère t'a fait si beau ?
J'y répondis en l'enlaçant :
C'est pour mieux vous biser, mon enfant !
Oh ! Maurice,
Oh ! Maurice,
Oh ! Maurice, Oh !
Et malgré ses deux cents kilos
En cinq minutes je lui fis demander grâce
En amour je suis un as !

**3**
Vraiment l'existence que j'mène
C'est éreintant
Débilitant
Et palpitant
Songez qu'sept jours par semaine
Je suis choyé
Et dans les flots d'amour noyé
À peine le temps d'souffler il faut repartir
C'est la p'tite voiture qui m'attend pour finir

REFRAIN
Oh ! Maurice,
Oh ! Maurice,
Oh ! Maurice, Oh !
Dis-moi pourquoi ta mère t'a fait si beau ?
Va, mon p'tit gars, c'est ton destin
L'amour te tuera, pauvre gamin
Oh ! Maurice,
Oh ! Maurice,
Oh ! Maurice, Oh !
Et bien, ma foi, puisqu'il le faut
Tant pis ! je marcherai jusqu'à c'que ça casse
En amour je suis un as !

# MA P'TIT' CANNE À LA MAIN

de la revue « On dit ça ! »

lyrics de
Albert Willemetz
& Jean Saint-Granier

musique de
Fred Mélé

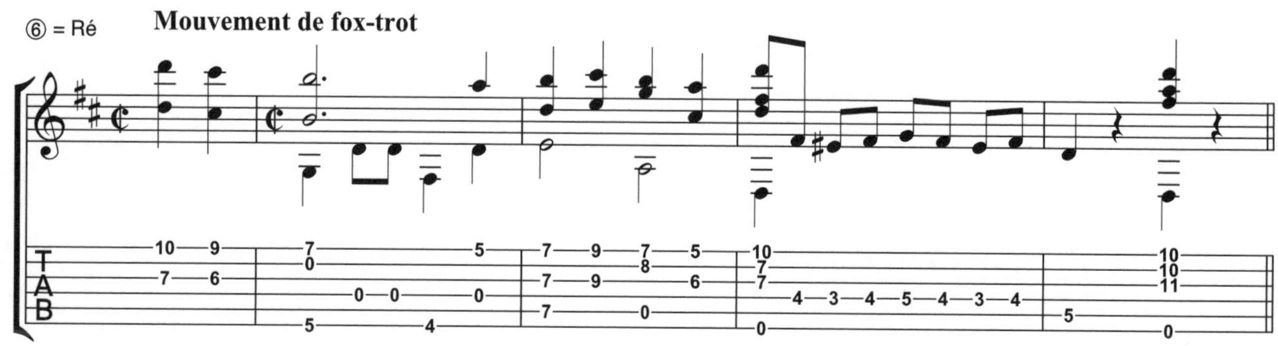
⑥ = Ré
Mouvement de fox-trot

COUPLETS

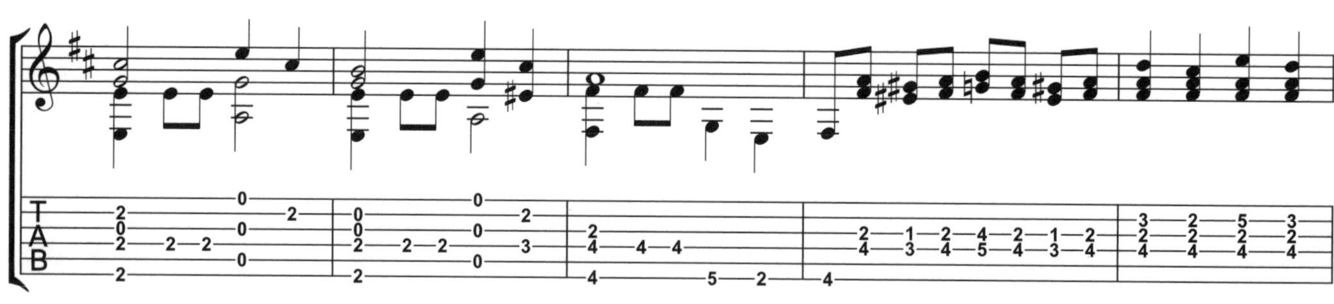

**My Little Stick in Hand**

*A suggestive story about a "Stick" (rhyming euphemism) and the racy, randy exploits of a guy who wields a big and noticeable one.*

REFRAIN

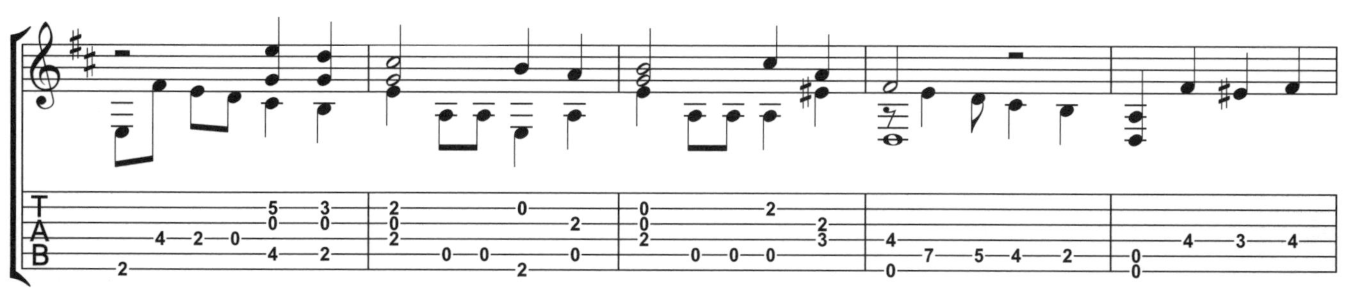

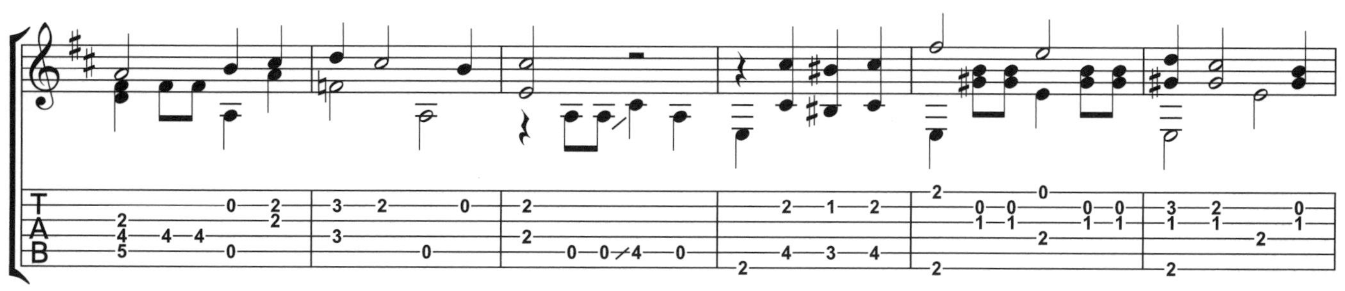

1. et 2. et pour finir
3.

# MA P'TIT' CANNE

Mouvement de fox-trot
D G B7
Moi j'ai re - çu de mon grand-père U - ne canne en bois tendre
Em A7 F#m
Qui plai-sait fort à ma grand-mère À c'que j'ai pu en - ten -
D D F#7 G B7
- dre Cett' canne c'est u - ne bonn' for - tu - ne Me fait ai - mer de cha - cu -
Em E7 A G#dim7 A7
- ne Dès qu'u-ne bell' vient à pas - ser L'ef - fet est in - sen - sé : Gen - ti -
D A7
- ment ma p'tit canne à la main... Gen - ti - ment je pour - suis mon che -
D Dm A7 E7
- min C'est fan - tas - tiqu' Comm' ell' ticqu' sur mon stick Elle est gri - sé - e
E7/A A7 G E7
Hyp - no - ti - sé - e Et chez moi j'l'em - mène' jus - qu'au lend' -
D/A G G/F# E7 A7 D
- main Gen - ti - ment ma p'tit canne à la main.


Le jeune premier comique Louisard fut le « jeune héritier » de ce numéro au Casino de Paris (revue *On dit ça !*, 24/11/1923), entouré de la belle Lily Scott, vedette-maison qui figurait « La Passante » de la chanson, et de Montandon – « La Garçonne ». Les trois protagonistes du tableau étaient entourés de 8 girls, huit « Hypnotisées » – par la canne du jeune héritier... – dans des costumes signés du grand Gesmar, costumier affichiste attitré de Mistinguett.

*The young first comic Louisard was the "jeune héritier" (young heir) in this number at the Casino de Paris (revue* On dit ça ! *[So They Say!], November 24, 1923), surrounded by the lovely house star Lily Scott in the role of the "passante" (passer-by), and by Montadon, the "garçonne" (tomboy). This scene's three protagonists were surrounded by eight girls who had all fallen under the spell of the young heir's "stick" – in costumes signed by the great Gesmar, official costume and poster designer for Mistinguett.*

**2**
Dans ma maison, j'ai un' garçonne
Qui dit, ça m'horripile
Qu'les homm's sont de vilain's personnes
Des êtres inutiles...
Ça ne peut pas durer me dis-je
Un' bonn' fois faut qu'j'la corrige
Aussi l'autre soir, oui Messieurs,
Je m'suis mis d'vant ses yeux
Gentiment ma p'tit' canne à la main...
Gentiment, en plein sur son chemin
La v'là qui ticqu'
Sur mon stick elle fit couic
Tomb' dans les pommes
M'appell' son homme
La garçonn'
J'l'ai eue jusqu'au lendemain
Gentiment ma p'tit' canne à la main.

**3**
Mais je vois des dam's qui ricannent...
Ne soyez pas sceptique
Car moi je prétends que ma canne
Est un' baguette magique...
Ne croyez pas que je badine
Quand je vous vante ma badine
Dès que je mets le nez dehors
Aussitôt que je sors
Gentiment ma p'tit' canne à la main...
Gentiment, je vois sur mon chemin
Les femm's qui ticqu'nt
Sur mon stick et rappliquent
C'est un point d'mire
Ça les attire...
Ell's m'suivraient je crois jusqu'à Pékin
Gentiment ma p'tit' canne à la main.

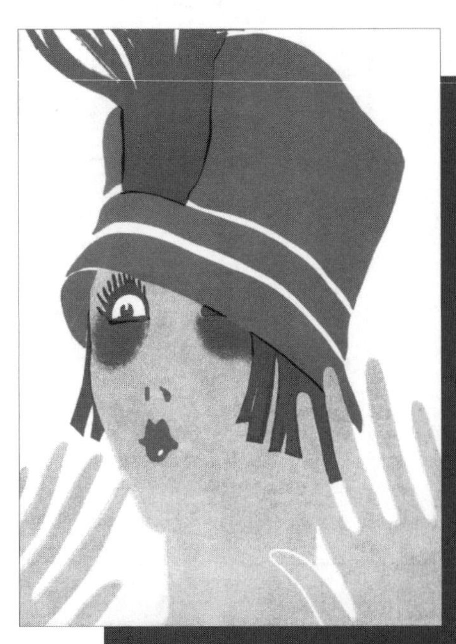

# SI VOUS SAVIEZ COMME JE FAIS ÇA

lyrics de
Max Eddy et
Fred Pearly

musique de
Joseph Szulc

Original en Mi bémol

Mouvement de fox-trot

H


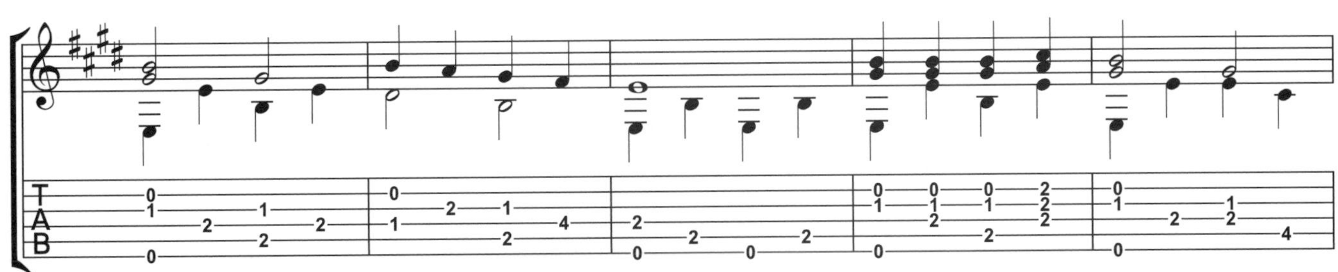

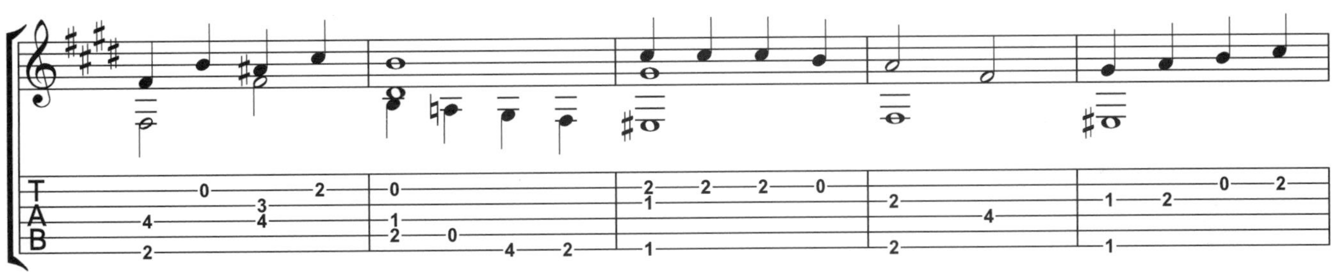

1923

**If you only knew how I do it**

*If you only knew how I do it... Maurice Chevalier gives advice on how to do everything in his own saucy way.*

SI VOUS SAVIEZ
H
H
H
1. 2. 3.
4.
3
3

Mouvement de fox-trot
Nul ne s'i-ma-gi-ne Certes en me vo-yant Qu'j'ai pour la cui-si-ne
Des dons sur-pre-nants ; Sans vou-loir pa-raî-tre Un chef sans dé-faut
Quand il s'a-git d'met-tre U-ne poule au pot : Si vous sa-viez comm' je fais
ça (Oh la la) A-vec quel art et quell' maî-tris et quelle ai-san-ce Si vous sa-
-viez, si vous sa-viez, je suis sûr Que vous vou-dri-ez Faire aus-si-tôt ma
con-nais-san-ce Vous y goû-te-riez Vous dé-lec-te-
-riez Vous l'a-pré-cie-riez Mes-dames Vous en r'pren-dri-ez Vous ré-ga-le-
-riez M'fé-li-ci-te-riez Mes-dames Ah ! Ah ! Ah ! Si vous sa-viez comm' je fais
ça Mes-dam's vous n'hé-si-te-riez pas !

Ce titre, popularisé par Momo au Casino de Paris, est l'un de ces titres sur-mesure pour le séducteur à canotier, et reprend tous les gimmicks sur lesquels le personnage Chevalier est construit. La musique de Szulc est typique du musicien : d'une facture harmonique classique, la sobriété mélodique se combine avec une élégance certaine qui rend la partition particulièrement efficace.

*This song, made popular by Chevalier at the Casino de Paris, was one of those made to measure for the lady-killer in the straw hat. It uses all the gimmicks on which the character of 'Momo' was based. Szulc's music is typical of his style: classical harmonies and a simple tune are combined with a certain elegance to make it particularly effective.*

DEMANDEZ LE DISQUE FRANÇAIS
SALABERT
15 FRS
C'EST UNE MERVEILLE

**2**
Bien qu'j'n'aie pas d'diplôme
Pour être médecin
Au moindre symptôme
J'sens l'mal dont on s'plaint !
Sans faire de réclame
Pour déshabiller
Une petite fe-femme
Et pour l'ausculter

REFRAIN

Vous m'visiteriez
Vous m'écouteriez
Vous vous guéririez
Mesdames
Vous engraisseriez
Qu'vous maigririez
Vous m'apprécieriez
Mesdames

**3**
Vous avez, Mesdames
Sûrement rencontré
Des hommes qui s'proclament
Danseurs réputés
En valse, en foxtrotte
Java, blues, shimmy
Pas un ne m'dégotte
Car moi je vous dis :

REFRAIN

Quand vous danseriez
Vous vous pameriez
Abandonneriez
Mesdames
Oh ! vous frémiriez
Vous vous griseriez
Vous frissonneriez
Mesdames

**4**
Je suis sûr, Mesdames
Qu'vous pensez chaque jour
Au prochain programme
De vos nuits d'amour
Il est bien possible
Qu'amants comme époux
Sachent vot' point sensible
Pourtant entre nous

REFRAIN

Vous m'étreigneriez
Vous me morderiez
M'égratigneriez
Mesdames
M'anéantiriez
Vous délireriez
Vous succomberiez
Mesdames

1924

# LA SUCETTERA

parodie sur « La Violetera »

lyrics de
Saint-Granier

musique de
José Padilla

H P Sl.
TAB

H P
H P
P
TAB

COUPLET
H P
H P Sl.
TAB

H P
H P Sl.
TAB

H P Sl.
H P
TAB



***The Lollipop Seller***

*A candy man suggests that licking his lollipop is the solution to all problems.*

REFRAIN
H P
H P Sl.
H P Sl.
TAB

H P
TAB

H P
P
H P Sl.
TAB

H P
TAB

1. 2. 3.
4.
H P
P
TAB

# LA SUCETTERA

A A
J'ai là quel-que su - ce - tes Mais ça s'rait bê - te
A E7
D'les gar-der pour moi mê - me Bien que j'les ai - me.
C#7 F#m B7
À l'ins-tant mê - me, À cinq ou six per - son - nes Les plus mi -
E7 A
- gnon - nes Faut que j'les don - ne. Beaux se-ñors et se-ño - ri - tas.
E7 C#7 F#m B7
Ac-cep-tez quel-ques su - cet-tas. Si je prends l'ac-cent d'Es - pa - gne, C'est qu'cet ac-cent ac-com -
A/E E7 A A
- pa - gne L'air de la Vio-let - te - ra Beaux se-ñors et se-ño - ri - tas.
E7 C#7
Pre - nez ces pe - tits bon - bons là La chan - son que je fre -
F#m B7 A/E E7 A
- don - ne, S'a - pel - le - ra, Dieu m'par - don - ne, Mais oui, la Su - cet - te - ra.

Raquel Meller, icône gay avant l'heure – aux manières imitées et aux froufroutants costumes souvent copiés par les travestis des grands bals de *Magic City* – *La Violettera* et sa créatrice servent ici de référence de charge pour une parodie « camp » signée de l'une des plumes les plus spirituelles de Paris.

*Raquel Meller was one of the very first gay icons, her mannerisms imitated and her frilly costumes frequently copied by transvestites in the dance halls of the Magic City. Her original version of* La Violettera *(The Violet Seller) serves as a reference for a camp parody of the song from the pen of one of the wittiest writers in Paris.*

**2** Tiens, madame est seulette
Elle fait la tête
Elle est quoique jolie,
Sans compagnie
Et elle s'ennuie
Il fut qu'on la console
Qu'on la cajole.
Elle est toute « sole »

REFRAIN
Oh, ma jolie señorita,
Acceptez cette sucetta
C'est une chos' très digestive
Ca ne noircit pas les gencives
Et c'est bon pour l'estomac.
Oh, ma jolie señorita,
Elle est à la groseillitta.
Si vous n'savez pas cher ange
Comment ce bonbon se mange
Votr' mari vous l'apprendra.

**3** Señor votre belle-mère
Vous désespère.
Elle est quoique charmante
Fort assomante
Et très méchante.
Je comprends qu'elle fasse la gueule
Qu'elle vous engueule,
Elle est trop seule.

REFRAIN
Señor, pour votre belle-mera
Acceptez cette sucetta.
Ca lui rappellera, j'espère,
Ses années de pensionnaire.
Quand elle s'endormira,
Mon señor, pour votr' belle-mera
Contentez vous d'une sucetta,
Ne m'en d'mandez pas une seconde,
Le plus beau garçon du monde
N'peut donner que ce qu'il a.

# C'EST LE PRINTEMPS DE PARIS

lyrics de
A. Mafer

musique de
André Mauprey

Tempo di marche
Sl.
Sl.
Sl.
Sl.

1927

**It's spring in Paris**

*Ah, Paris in the spring! How charming! And how especially charming to be an Englishman in Paris…*

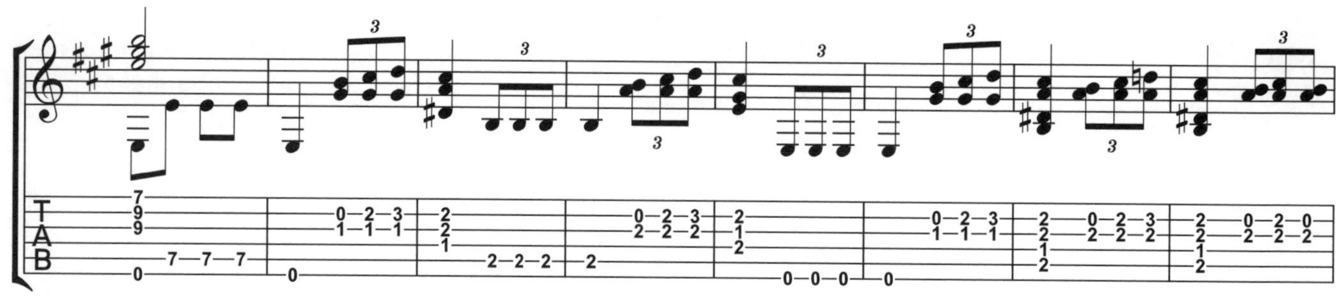

Tempo di marche
A Bm7
J'ai res - sen - ti ce ma - tin Un coup sous mon tra - ver - sin J'ai bon
A/C# C#7 F#m B7 E7 A
- di vers ma fe - nê - tre Pen-sant y voir ap - pa - raî - tre Un cam - bri - o - leur ! Eh
A#dim7 E E7 B9 E6
bien ! Je n'ai vu dans le loin - tain Qu'un beau so - leil si ra-di - eux
B9 E7 A7M
Qu'im-mé-diat'-ment j'en eus la tête et l'cœur en feu ! Prin - temps !
A6 A E E7
Prin-temps d'Pa - ris ! Tous les trot-tins ont dans les mains un bou-quet d'ro - ses ! Prin -
C#7 F#m B13 E13 E7
- temps du Par - ra - dis, Mi-nois jo - lis, Pou-dre de riz Et lè-vres ro - ses Prin -
A7M A6 A F#7 Bm
- temps ! Prin-temps d'Pa - ris Y'a des frou-frous, Des bai-sers fous, Y'a quel que cho - se Qui
Bsus2 A/E B7 E7 A
nous met dans l'es - prit Un peu de bon-heur in - fi - ni Prin-temps d'Pa - ris !

Chanson de revue typique, qui mêle à la fois tous les sujets « parisiens » clichés utilisés alors pour ces chansons entraînantes : les trottins, la Ville, son charme et sa gaité. Mais il s'agit là aussi d'une petite carte postale sociale qui démontre à quel point Paris est encore pour un temps le centre du monde, et la Parisienne l'objet de tous les fantasmes.

*This is a typical revue song, mixing all the Parisian clichés of the time – young girls and the City of Lights in all its charm and gaiety – in an up-tempo song. But it is also a small snapshot of society at the time when Paris was still the center of the world, and the Parisian woman the object of every fantasy.*

**2**
Circulez ! disent les agents
Pas de rassemblements !
Que vous soyez couturières
Modistes ou corsetières
Sur la place de l'Opéra
Tous vos amoureux sont là
Y'a plus moyen d'faire son boulot
Y'en a partout, jusque dans les
trous du métro

**3**
Mais Paris sait s'divertir
Et là-bas voici venir
Une musique militaire
Beau printemps, elle va te faire
Un concert dans les jardins
Pour charmer les Parisiens
En imitant les instruments
Tous les titis, chantent gaiement
en les suivant

**4**
Oui ! le printemps va partout
De la Chine à Tombouctou
Mais l'on ne sait pour quelle cause
A Paris, c'est autre chose
Aussi, l'on voit rappliquer
Chez nous tous les étrangers
Qui viennent chanter, avec l'accent
« Fife Baris ! Hurrah Pèris ! »
et son Printemps !

Francis Salabert vous présente: 26 nouveaux succès
Ce charmant petit recueil illustré vous sera remis gracieusement par les Editions Francis Salabert ou par votre marchand de musique habituel.
( Envoi franco contre 0f 25 )
Il contient les themes des plus récents succès
éditions Francis Salabert Paris New-york

1921

# EN PLUS GRAND

lyrics de
Albert Willemetz et
Charles-Louis Pothier

musique de
Samuel Pokrass

Mouvement de one-step
le tout très léger et gracieux
COUPLET
REFRAIN


**Even larger**

*Every great issue can be reduced to one comical, and often slightly naughty, question…*

ad lib.
pour finir

1928

# EN PLUS GRAND

Mouvement de one-step
F Gm C7 F Gm C7 F Bb F
Je n'suis pas, je vous le dis, Un sa-vant, un é-ru-dit, Mais j'ai r'çu sans pré-ten-tion,
C7 F F#dim7 Gm7 Cm D7 Gm7 Cm D7
Une as-sez bonne ins-truc-tion, Dans un sa-lon l'au-tre jour, U-ne de-moi-sell' de Tours
Gm D7 Gm C7 F Gm7/b5 F C7
Très gen-ti-ment m'a-bor-da Et soudain me de-man-da : Puis-que vous sa-vez tout
F C G7 C G7 C7
Cher mon-sieur vou-lez-vous D'la fa-çon la plus clair' Me dir' ce que c'est qu'la mer ?
F Bb F C7
Mad'-moi-selle, Bien que cett' ques-tion me gêne un p'tit peu Mad'-moi-selle Je vais
F C7 F
es-sa-yer d'vous l'dir' de mon mieux C'est un ma-chin rem-pli d'eau, Des-sus y'a des
C7 F C7 F C5+ F Bb F
p'tits ba-teaux Sur le bord y'a des ba-dauds Qui re-gar-dent les ba-teaux. Ben, la mer Vous al-
C7 G#dim7 F/A C7 F
-lez com-prendre en la com-pa-rant C'est, ma chèr', L'bas-sin des Tuil'-ries... en plus grand.

Chanson héritière des premières amours de café-concert de Chevalier – lorsque, tout aussi débutant que le siècle, il imitait Dranem et son style – cette chanson mi-idiote mi-coquine est caractéristique d'un type de répertoire que Chevalier affectionna toute sa carrière durant.

*This song is a direct descendant of Chevalier's first love, the "café-concert". At the birth of the 20th century, when he was just beginning, he enjoyed imitating Dranem and his style. This number, half idiotic, half risqué, is characteristic of the type of repertoire that Chevalier would perform throughout his career.*

**2**
Puisque vous savez tout
Reprit-elle, voulez-vous
M'expliquer, c'qu'on appelle
À Paris, la Tour Eiffel ?
Mad'moiselle
Bien que cette question
me gêne un p'tit peu
Mad'moiselle
Je vais essayer d'vous l'dire
de mon mieux.
C'est une très grande affaire
Large en haut, pointue en l'air
Vous avez bu, c'est fatal
Déjà de l'eau minérale ?
Eh bien pour
Que vous compreniez
En la comparant
Cette tour
C'est un quart Vichy...
En plus grand.

**3**
Puisque vous savez tout
Reprit-elle, voulez-vous
M'expliquer, sans ambages
Ce que c'est que le mariage ?

C'est un vrai jeu de hasard
On n'y est pas toujours veinard
On peut tirer plusieurs coups
Et ne rien gagner du tout
Les plus sages
Se laissent tenter
Par ce jeu pourtant !
Le mariage
C'est une tombola...
En plus grand.

**4**
Puisque vous savez tout
Reprit-elle, pourriez-vous
M'expliquer, par hasard
Ce que c'était qu'Abélard ?

C'était un jeune homme charmant
Qui voulut faire un placement
Une mauvaise opération
Lui fit perdre ses actions
Un pillard
Lui prit ses De Beers
Et son trois pour cent !
Abélard
C'est un coup de bourse...
En plus grand.

**5**
Puisque vous savez tout
Reprit-elle, voulez-vous
M'expliquer cher Monsieur
Ce que c'est que le Bon Dieu ?

C'est un monsieur important
Qui fait la pluie, le beau temps
Quand il éternue d'travers
Ça fait trembler l'univers
Tout c'qu'il veut
Il faut qu'on le fasse
Ou bien qu'est-ce qu'on prend
Le Bon Dieu
C'est Mussolini...
En plus grand.

**6**
Puisque vous savez tout
Reprit-elle, voulez-vous
M'expliquer, sans détour
Monsieur, ce que c'est qu'l'amour ?

C'est une sorte de fusion
De soudure, de liaison
Qui vous tient si fort chacun
Qu'à deux on ne fait plus qu'un
Nuit et jour
Ça vous réunit
Très étroitement
Bref, l'amour
C'est la seccotine...
En plus grand.

**7**
Puisque vous savez tout
Reprit-elle, voulez-vous
Si c'est dans votre domaine
M'dire c'que c'est qu'une Citroën ?

Vous avez au music-hall
Vu danser des Espagnols ?
Ils agitent dans leurs mains
Des trucs qui font du potin
Bon ! eh bien
Une Citroën
Cela vous surprend
Ce n'est qu'un
Bruit de Castagnettes...
En plus grand.

**8**
Puisque vous savez tout
Reprit-elle, voulez-vous
M'expliquer, gentiment
Ce que c'est qu'une belle-maman ?

Vous avez vu des vipères
Des chameaux, des dromadaires ?
Vous connaissez la rougeole ?
La gale, la grippe espagnole ?
Sur la terre
Ce sont les fléaux
Les plus effarants !
Une belle-mère
Eh bien c'est tout ça...
En plus grand.

**9**
Puisque vous savez tout
Reprit-elle, voulez-vous
Maintenant, m'dire aussi
Ce que c'est que l'paradis ?

C'est un lieu de volupté
De bonheur, d'félicité
On voit les anges et le ciel
On goûte des joies éternelles
Je vous l'dis
C'est rempli de saints
Tout à fait charmants !
L'Paradis
C'est votre corsage...
En plus grand.

**10**
Puisque vous savez tout
Reprit-elle, voulez-vous
M'dire vous s'rez bien aimable
Ce que c'est qu'un dirigeable ?

C'est un truc rigide et rond
Des fois c'est plus ou moins long
C'est un peu pointu dans l'bout
Y'a deux p'tites nacelles en d'ssous
C'est probable
Qu'vous n'saisirez pas
Le rapprochement
L'dirigeable
C'est une saucisse...
En plus grand.

**11**
Puisque vous savez tout
Reprit-elle, voulez-vous
M'expliquer ce qu'on a-
-pelle les Chutes du Niagara ?

Figurez-vous un jet d'eau
Qui tombe de très, très haut
Ça coule du matin au soir
Les touristes vont le voir
Dans l'Jura
On ne voit même pas
De pareils torrents !
L'Niagara
C'est le Mann'ken-Piss...
En plus grand.

**12**
Puisque vous savez tout,
Reprit-elle, voulez-vous
Me dire sans hésiter
C'que c'est qu'la virginité ?

C'est une sorte d'fermeture
Pas garantie sur facture
Une espèce de clôture
Inventée par la nature
Oui, en somme
La virginité
Ma petite enfant
C'est tout comme
Un bouton-pression...
En plus grand.

# OH ! DIS, CLAUDIE

de l'opérette « L'Eau à la bouche »

lyrics de
Serge Veber

musique de
Philippe Parès & Georges van Parys

Mouvement de fox-trot
COUPLET
REFRAIN

**Do Tell, Claudie**

*A naïve nymphomaniac wonders why on Earth she likes to "do it" so much...*



1928

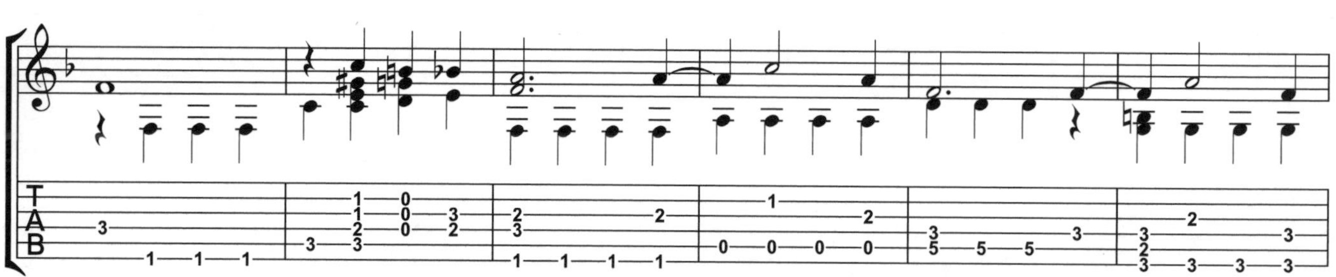

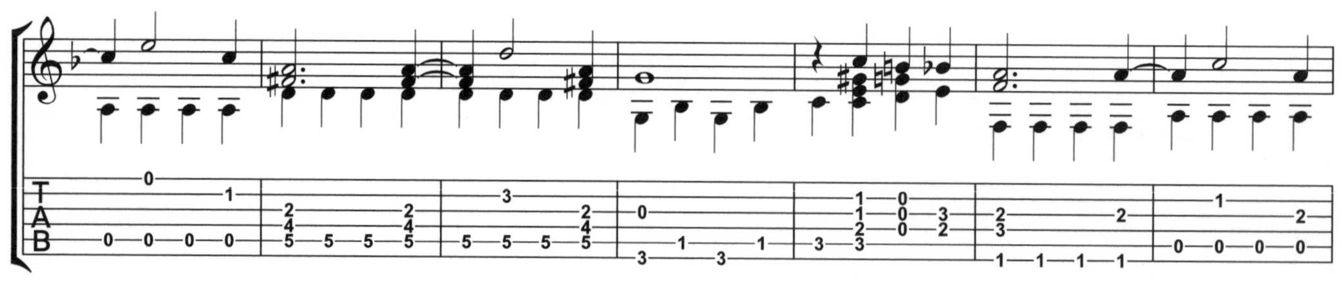

1.
2.

**Mouvement de fox-trot**

F F6 G7dim C5+ F F7 D7 G9 G7dim C7
Des Rois et des Am-bas-sa-deurs, Des Sé - na - teurs Par - ta-gèr'nt ma

F C5+ F F6 G7dim C5+ F Am D7
cou - che Je m'suis don - née aus - si sans peur À des plon - geurs

G7 C Cm7 F7 Bb6
Faut pas êtr' fa - rou - che Fair' la pe - tit' bouch' n'est pas mon... Ray- on

G7 C7 C7/5+ F F6 G7dim C5+
On n'peut pas dir' que je suis prude ! Ah ! non J'vais en- cor', ça n'va pas tar -

F F7 D7 G9 C7 F
- der, Me fair' gron - der Et en-guir-lan der Oh ! dis Clau - die Qu'est-c'

Am Dm G7 F/C Bb7 F
que tu dis ? Tu vas trop fort ! J'aim' quand on me mord !

C5+ F Am Dm G7 F/C
Oh ! dis Clau – die Qu'est-c' que tu dis ? Tu l'en - ten - dis ? J'en

Bb7 F F7 Bb Bb7 F Am
res - te in- ter - dit J'ai-me les cieux Quand ils sont bleus Mais l'plus jo -

D7 G7dim C5+ F
- li C'est l'ciel de lit Oh ! dis Clau - die Qu'est-c'

Am Dm G7 F/C Bb7 F
que j'ai dit ? Ell' perd le Nord ! Je vais un peu fort !

L'explosive divette Loulou Hégoburu fut la créatrice de ce trépidant personnage de *Claudie* (Théâtre Daunou, 05/09/1928), femme libérée dopée au plaisir, fausse ingénue prête à dévorer tous ses « suiveurs ».

*The explosive diva Loulou Hégoburu forged the exciting persona of* Claudie *(Théâtre Daunou, September 5, 1928), liberated woman hopped up on pleasure, a tease ready to devour her "followers".*

Le Fox-Trot en vogue = Celui que vous entendez partout !

N° 2
THÉATRE DAUNOU
OH ! DIS CLAUDIE
chanté par Loulou HÉGOBURU, Fernand GRAVEY
L'eau à la bouche
OPÉRETTE EN 3 ACTES
DE MM.
SERGE VEBER
PHILIPPE PARÈS
ET
GEORGES VAN PARYS
Pour Piano et Chant
chaque 6fr.
1. Donne-moi z'en un bout (Claudie)
2. Oh ! Dis Claudie
3. Il a une belle auto Toto
4. Ce n'est qu'un mannequin
5. Pourquoi qu'les p'tits oiseaux
Pour Piano seul
L'Eau à la bouche
7 fr.
Prix 6 fr.
EDITIONS FRANCIS SALABERT
PARIS BRUXELLES MADRID BERLIN NEW-YORK

2
Savez-vous combien j'eus d'amants ?
Combien ? Un cent !
C'est un chiffre énorme
S'ils m'avaient fait tous trois enfants
Ca f'rait ? Trois cents !
On plaindrait vos formes !
J'ai aimé des homm's-singe et des…
Homm's-tronc
Des hommes serpents et des homm's…
Ça non !…
J'eus quarante académiciens !
Combien ? C'n'est rien !
Eh'bien, nom d'un chien !
Oh ! dis Claudie
Qu'est-c'que tu dis ?
C'est un record !
Mais non ! C'est du sport !
Oh ! dis Claudie
Qu'est-c'que tu dis ?
J'en suis, pardi !
Tout abasourdi
L'baiser est doux
Sur les deux joues !
Mais c'est plus fou
Entre les joues !
Oh ! dis Claudie
Qu'est-c'que j'ai dit ?
Ell' perd le nord !
Je vais un peu fort !

1928

# MA SŒUR
## fait ça dans l'ascenseur

lyrics de
Charles-Louis Pothier

de l'opérette « L'Œil en coulisse »

musique de
Henri Bérény

Allegro moderato
TAB

COUPLET
TAB

TAB

TAB

**My Sister (does it in elevators)**

*A boy tells how his sister has special and singular tastes: she does everything in the elevator... including hanky-panky.*

H

REFRAIN

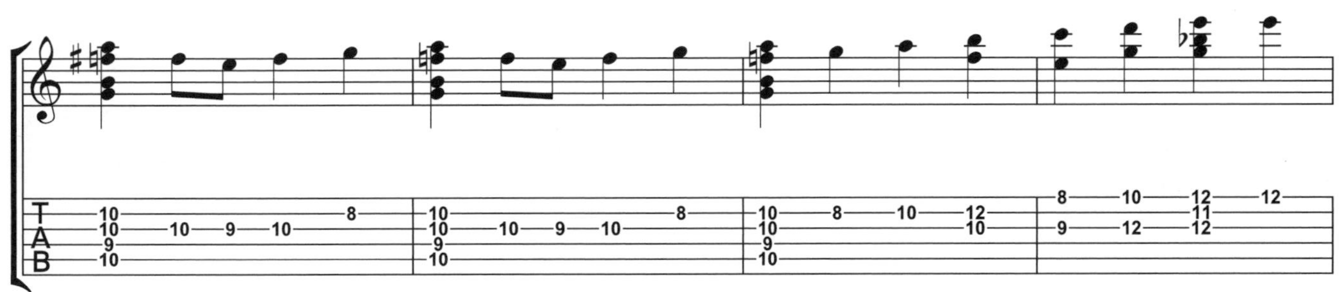

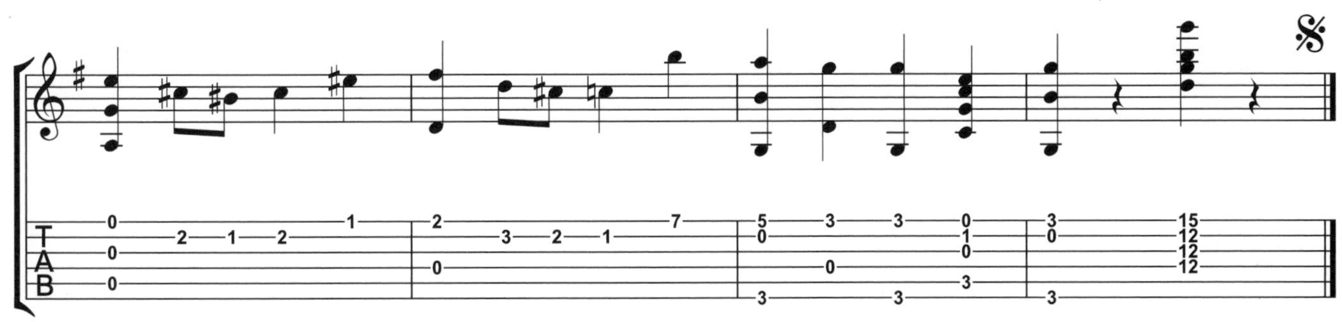

1928

# MA SŒUR

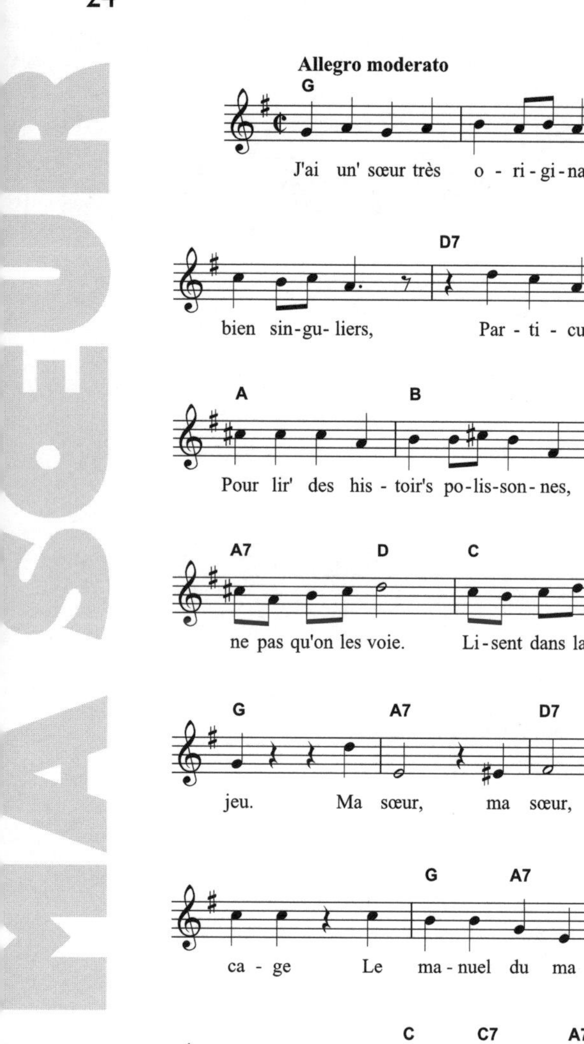

Allegro moderato
G D Am
J'ai un' sœur très o - ri - gi - na - le Et pas ba - na - le ; Elle a des goûts
D7 G A D
bien sin-gu- liers, Par - ti - cu - liers Quel-que fois, de jeu - nes per-son - nes,
A B A D E7 A
Pour lir' des his - toir's po-lis-son - nes, Des trucs co-chons des ma-chins gri - vois, Se cach'nt pour
A7 D C G C G D7
ne pas qu'on les voie. Li - sent dans la cave ou bien dans d'au-tres lieux Ça, c'est vieux
G A7 D7 G G6 D7
jeu. Ma sœur, ma sœur, Fait ça dans l'as-cen - seur ; Ell' feuil-lett' dans la
G A7 D7 G9
ca - ge Le ma - nuel du ma - ria - ge. C'est un bon - heur Que
C C7 A7 D7 G
ma sœur Ni - ni soit ma-jeur'! Ma sœur, ma sœur, Fait ça dans l'as - cen - seur.

*L'Œil en coulisse* voit le jour le 4 avril 1928 au Perchoir, célèbre Cabaret de chansonniers parisien tenu par l'auteur-compositeur Pascal Bastia. L'établissement, refuge de l'esprit montmartrois goguenard et moqueur abrite également opérettes et revues spécialement adaptées à son cadre intime.

L'Œil en coulisse *(The Eye in the Wings) saw the light on April 4, 1928 at the Perchoir, the famous cabaret for Parisian songwriters run by the author/composer Pascal Bastia. The establishment, a refuge for Montmartre's burlesque, mocking spirit, was also home to operettas and revues specifically adapted to its intimate setting.*

CE MORCEAU EXISTE EN DISQUES
FRANCIS SALABERT
PATHÉ
GRAMOPHONE
ODÉON
WINNER
HENRY

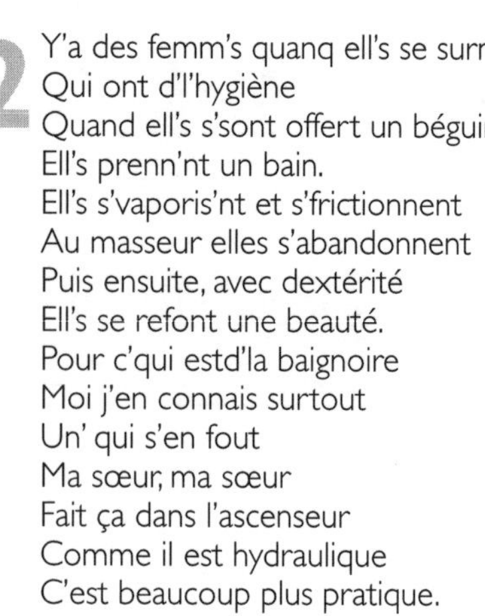

**2**
Y'a des femm's quanq ell's se surmènent
Qui ont d'l'hygiène
Quand ell's s'sont offert un béguin
Ell's prenn'nt un bain.
Ell's s'vaporis'nt et s'frictionnent
Au masseur elles s'abandonnent
Puis ensuite, avec dextérité
Ell's se refont une beauté.
Pour c'qui estd'la baignoire
Moi j'en connais surtout
Un' qui s'en fout
Ma sœur, ma sœur
Fait ça dans l'ascenseur
Comme il est hydraulique
C'est beaucoup plus pratique.

**3**
Y'a des femm's qui sont adultères
Sur tout' la terre
Et certain's, dans leur propre lit
Tromp'nt leur mari.
D'autres, qui préfèr'nt la nature
Le cocufient dans la verdure
Et l'on en voit qui, sans se troubler
Le tromp'nt dans un hôtel meublé !
J'connais même des poul's
Qui trompent leur mari
Dans un taxi.
Ma sœur, ma sœur
Fait ça dans l'ascenseur
Ell' commence au deuxième
Ell' finit au sixième.

**4**
Bien des femm's enfantent, c'est triste
A l'improviste
En ch'min d'fer ou bien en bateau
Même en auto.
J'en cit'rai qui son d'venues mère
Dans la guérit' d'un factionnaire
Et l'autr' jour, la femm' de mon voisin
L'devint dans un grand magasin.
Avec le progrès, certaines accouch'ront
Dans un avion.
Ma sœur, ma sœur
Fait ça dans l'ascenseur
Et chaqu'fois la pip'lette
Lui fournit la layette.

# J'AI DEUX AMOURS

lyrics de
Géo Koger et Henri Varna

musique de
Vincent Scotto

Moderato molto

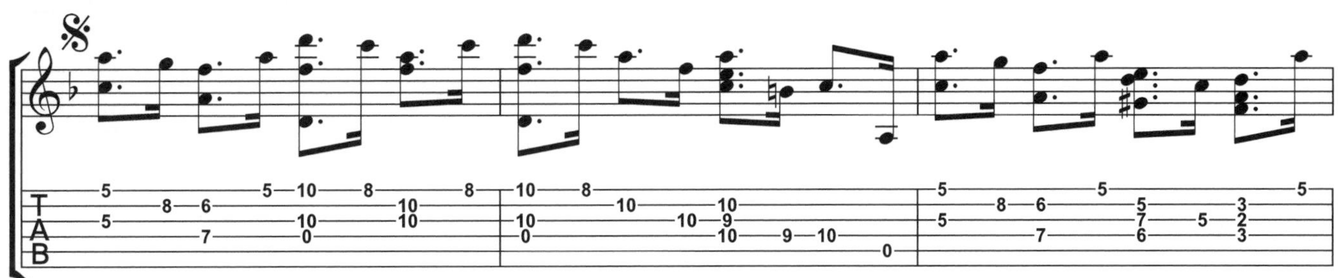

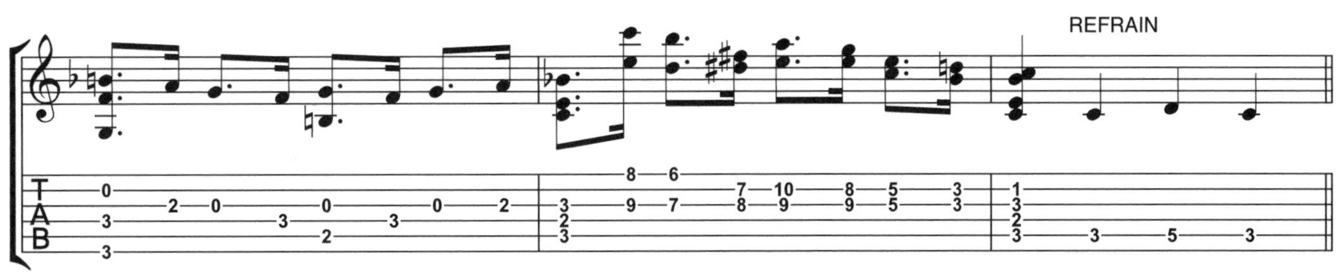
REFRAIN

**I got two loves**

*Josephine Baker expresses her love of Paris, the most fantastic city on earth.*

Moderato molto
F Dm F Dm Am F C5+ Dm
On dit qu'au de-là des mers Là-bas, sous le ciel clair, Il e-xiste u-ne ci-té Au
C7 F Am F7 Am
sé-jour en-chan-té. Et sous les grands ar-bres noirs, Cha-que soir,
G7 C7 F C5+
Vers el-le s'en va tout mon es-poir J'ai deux a-mours
F Dm F F5+ F G7
Mon pa-ys et Pa-ris Par eux tou-jours
C7 F Bb Bb5+ Bb
Mon cœur est ra-vi. Ma Sa-van' est bel-le, Mais à quoi
F F5+ Dm Db7
bon le ni-er Ce qui m'en-sor-cel-le C'est Pa-ris, Pa-ris tout en-
C7 F C5+ F Dm F F5+
-tier. Le voir un jour C'est mon rê-ve jo-li.
F G7 C7 F
J'ai deux a-mours Mon pa-ys et Pa-ris.

Pour son grand retour à Paris au Casino de Paris à l'automne 1930 dans la revue *Paris qui remue*, Joséphine Baker crée une nouvelle version de *La Petite Tonkinoise* (Villard-Christiné/Scotto) mais surtout, ce *J'ai deux amours* qui deviendra immédiatement sa chanson-signature, déclaration d'amour au Paris mythique dont elle est l'une des plus fameuses représentantes.

J'ai deux amours (I got two loves) *is the definitive Josephine Baker signature song, first performed at the Casino de Paris during autumn 1930 in the revue* Paris qui remue. *This title, one of the most successful of the entire French song history, is Miss Baker's love letter to this mythic Paris which she's a part of.*

2 Quand sur la rive parfois
Au lointain j'aperçois
Un paquebot qui s'en va
Vers lui je tends les bras !
Et le cœur battant d'émoi :
À mi-voix
Doucement je dis :
« Emporte-moi : »

REFRAIN

1930

# NE RIS PAS

lyrics de
Jean Lenoir

musique de
E. Aivaz & Dora Stroëva

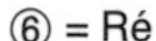
⑥ = Ré

Tempo de Valse

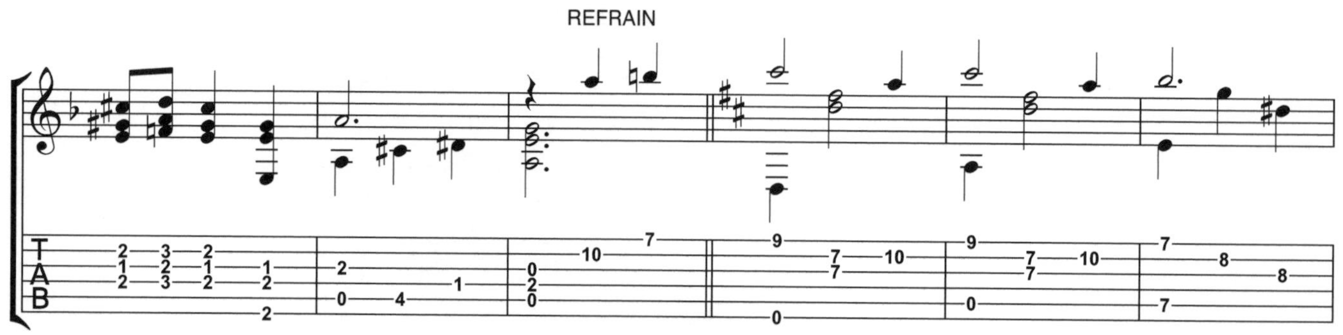
REFRAIN

**_Don't Laugh_**

*Don't laugh when I declare my love for you. One day, you too may know the pain of unrequited love and your laughter will turn to tears.*

1.
2.

Tempo de Valse
Dm Dm7 Bb/D Dm Gm6/Bb A7/5+ Dm A7
Tu ne me crois pas Et j'ai pour ce - la U - ne peine in - fi - ni - e
Dm Dm7 F A Bm7 E6 E7
Je t'ai-me vrai - ment Mais tous mes ser - ments res-tent vains de - vant ton i - ro -
A A7 D7M A6 Em A7 A13
-ni - e. Ne ris pas de ma ten - dres - se Ne ris pas ce - la me
F#m7 A6 D Em7 A7
bles - se Ton air in - cré - dule et mo - queur M'é - treint et me bri - se le
D/F# A7/E D7M A6 Em A7 F#7 Bm
cœur. Ta gaî - té qui me dé - sar - me De l'a - mour fait ou - bli - er le char -
E7 C#7 F#m7 B7 A13 D
- me Ton rire a des é - clats Qui son - nent comme un glas Ne ris pas, non, ne ris pas.

**2** Tu ne peux savoir
Tout le désespoir
Et toute la détresse
D'un cœur incompris
Follement épris
Qui mendie une seule caresse
Ne ris pas de ma folie
Car ta lèvre si jolie
Pourra se crisper à son tour,
Lorsque tu souffriras d'amour
Tu sauras la peine atroce
La colère indomptable et féroce
Songe bien à cela
Un jour tu pleureras
Ne ris pas, non, ne ris pas.

Dora Stroëva, créatrice de ce titre, avait coutume d'accompagner elle-même ses tours de chant à la guitare. Classée comme une Marianne Oswald, dans la catégorie des artistes d'avant-garde, elle a amplement participé à la visibilité lesbienne d'entre-deux guerres, au même titre qu'Yvonne Georges, Suzy Solidor, puis, plus tard, Agnès Capri.

*Dora Stroëva, who first performed this song, was in the habit of accompanying herself on the guitar. Like Marianne Oswald, she was classified as an avant-garde artist, and she greatly contributed to lesbian visibility during the interwar years, as did Yvonne Georges, Suzy Solidor and later, Agnès Capri.*

# JE N'SAVAIS PAS QU'C'ÉTAIT ÇA

lyrics de
Albert Willemetz
& Charles-Louis Pothier

de l'opérette « La Pouponnière »

musique de
Henry Verdun
& Casimir Oberfeld

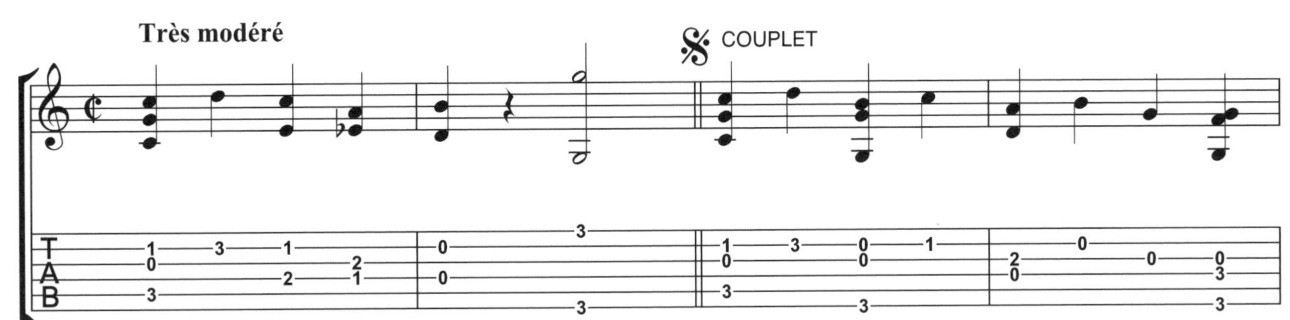
Très modéré
COUPLET

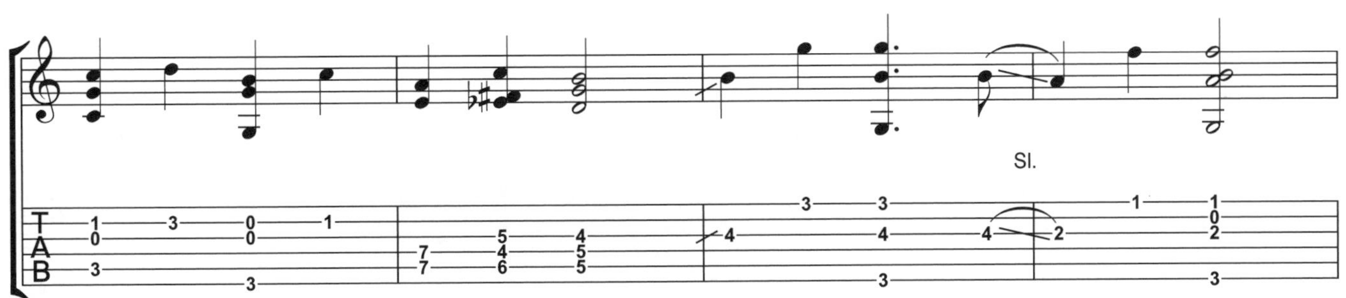
Sl.

P

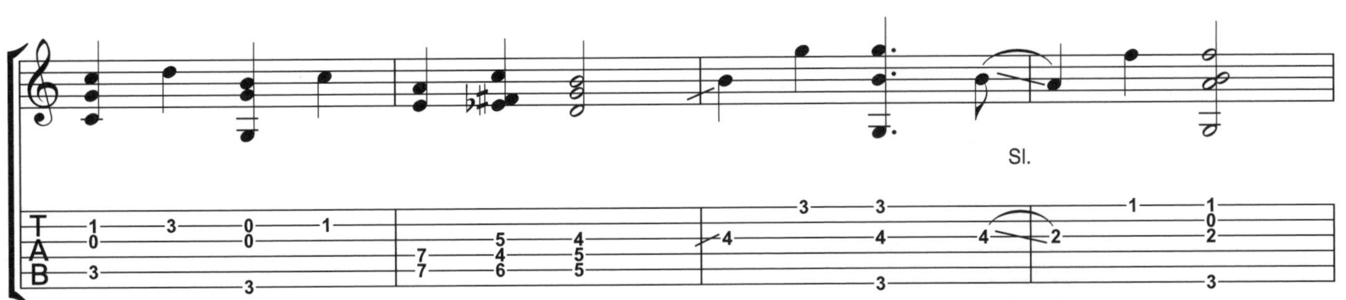
Sl.

***I Didn't Know That's What It Was***

*A young girl recounts how she discovered sex – in all of its glorious forms – and how surprised she was to enjoy it.*

1932

REFRAIN
H
H
H
Sl.
H
Sl.
1.
2.

Très modéré
C G7 C G7
A - vant, j'é - tais un peu bu - se, Et quand il m'ar - ri - vait d'voir
G G7 C C
Deux tou - tous sur un trot - toir, Qui fai - saient le pro - me - noir, J'pen - sais : « À quoi
G7 C G7 G
qu'ils s'a - mu - sent ? » In - tri - guée, j'tour - nais au - tour, Mais à quinze ans
G7 C D7
et huit jours, Quand j'eus fait comm' ces tou - tous, J'ai com - pris tout, tout, tout,
G7 C G7
tout ! Je n'sa - vais pas qu'c'é - tait ça, Ah ! quell' drôl' d'af - fai - re !
C6
Mais, quand j'ai su qu'c'é - tait ça, Je m'suis lais - sée fai - re.
C7 C9 F
On n'a au - cune i - dée d'ça A - vant de le fai - re,
Dm G7 C
Mais on n'peut plus s'pas - ser d'ça, Quand on a fait ça.

Ces lestes couplets que chante Irma (création Davia) dans *La Pouponnière* (Bouffes Parisiens, 16/03/1932) donnent le ton de cette opérette bouffonne, parodie moqueuse et « à la parisienne » de ces austères et vertueuses ligues natalistes d'entre-deux guerres, obsédées par le repeuplement de la France.

*These suggestive couplets that Irma sings (premiere Davia) in* La Pouponnière *(The Doll House, Bouffes Parisiens, March 16, 1932) set the tone for this operetta buffa, a tongue-in-cheek parody of the austere and virtuous inter-war nationalist leagues, obsessed by the re-population of France.*

CE MORCEAU
EXISTE
EN
ROULEAU
PERFORÉ
POUR
AUTO PIANO
Envoi contre
réception de
13 fr
plus 1 fr
frais d'envoi
VEUILEZ PRÉCISER
65 OU 88 NOTES
Demandez la liste
des succès publiés
dans cette nouvelle
collection Francis
Salabert.

2
Ce truc a toujours du charme
J'l'ai fait avec un facteur
Un frotteur, un sénateur
Un couvreur et un coureur
Un voleur et un gendarme
J'l'ai fait avec l'homm' du gaz
Avec le négro d'un jazz
Et même un' société d'tir…
Chaqu'fois ça m'a fait plaisir.
Je n'savais pas qu'c'était ça
Ah ! quell' drôl' d'affaire !
Dès qu'un homm' me propos' ça
Je suis prête à l'faire.
Et d'tous ceux qui m'on fait ça
Depuis que j'sais l'faire
Je n'sais pas qui fait l'mieux ça…
Ils font tous bien ça !

3
Je l'ai fait à la houzarde
Je l'ai fait au boniment
Je l'ai fait au sentiment
Et même horizontal'ment.
Je l'ai fait dans un'mansarde
Je l'ai fait dans le métro
Je l'ai fait dans un piano
Mais je dois ajouter que
C'était un piano… très grand !
Je n'savais pas qu'c'était ça
Ah ! quell' drôl' d'affaire !
Y m'faut beaucoup, beaucoup d'ça
Pour me satisfaire
Sitôt qu'j'ai fini d'fair'ça
Je veux le refaire
Car, vraiment, ce p'tit truc-là
Rien n'est si bon qu'ça.

1932

# J'SUIS V'NUE NUE...

du ballet « Ciné Bijou »

lyrics de
Jean-Pierre Grédy

musique de
Roland Petit & Pierre-Petit

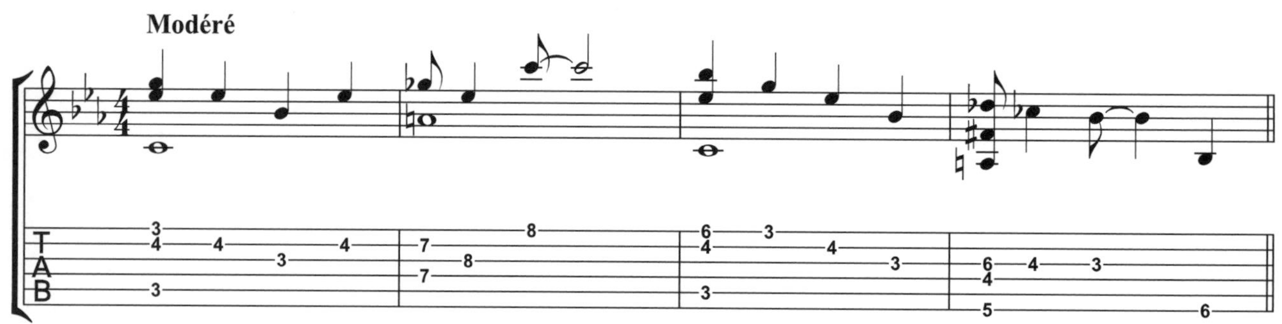
Modéré

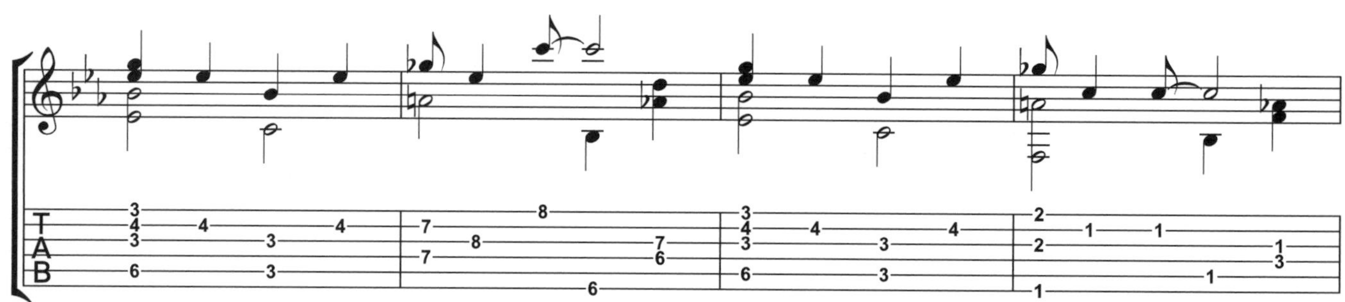

Sl.

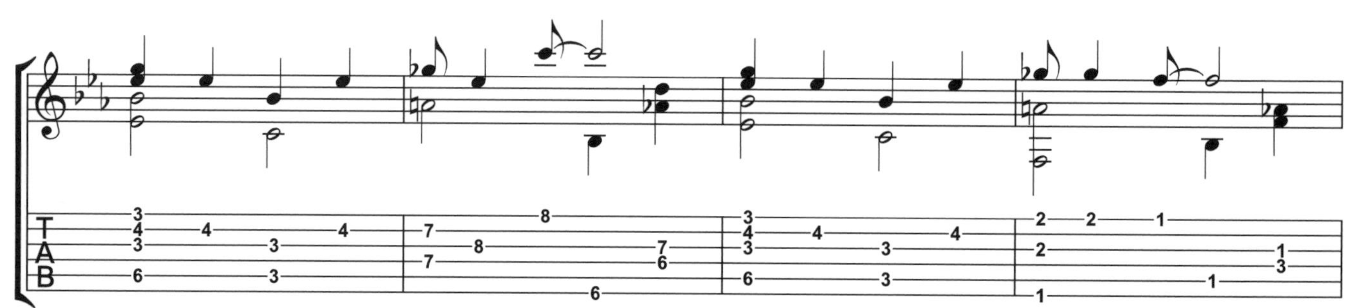

**I Showed up Naked**

*A provocative song involving hookers' techniques to lure men into their arms: come-hither looks, the chic-Parisian-woman attitude, Folies-Bergère cruising routines, and... showing up naked!*

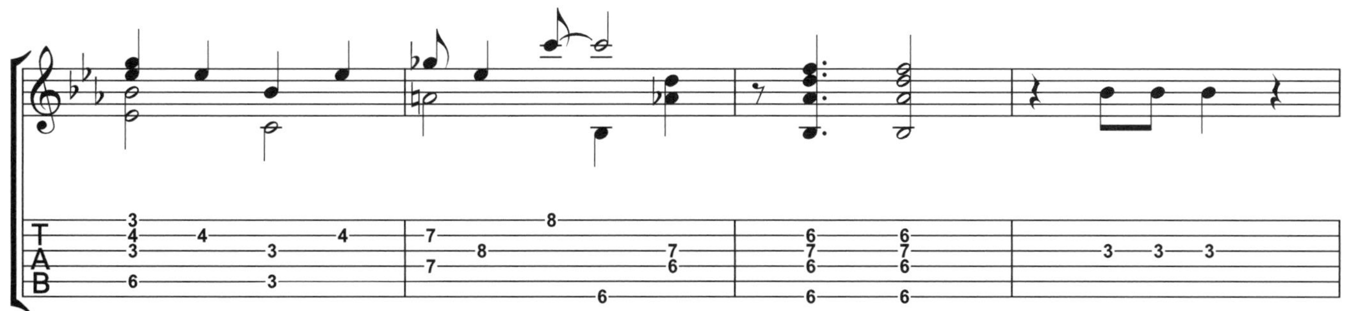

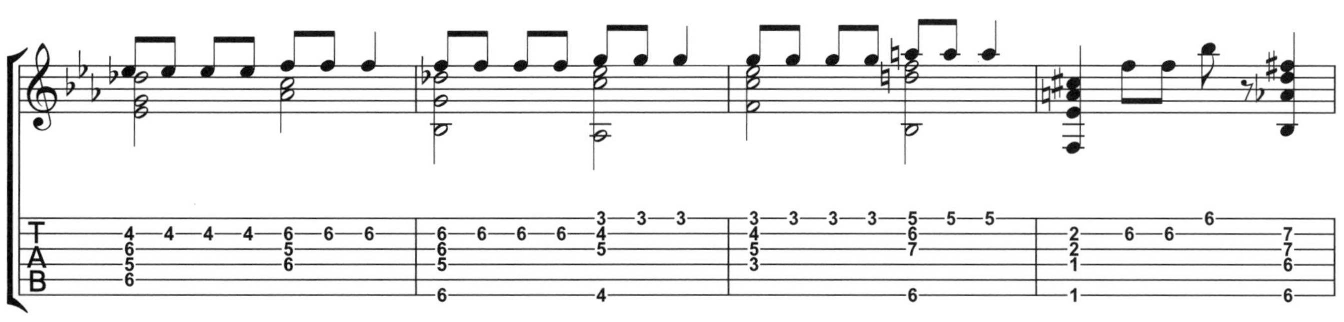

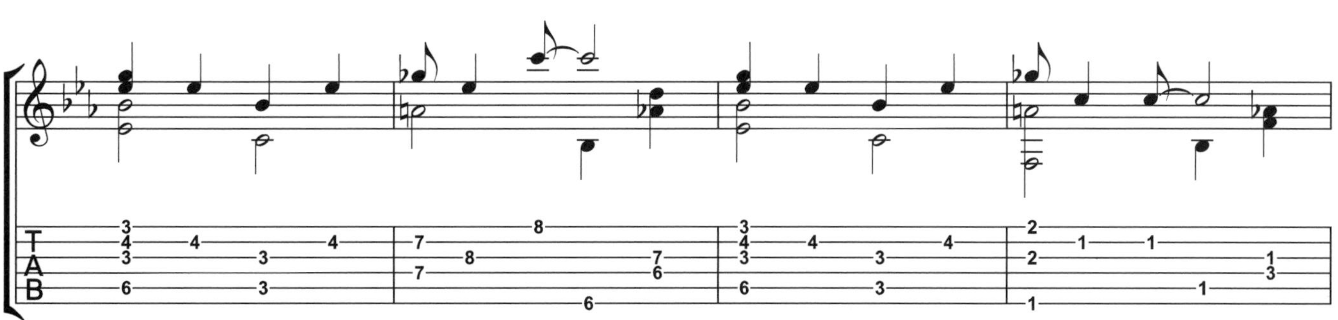

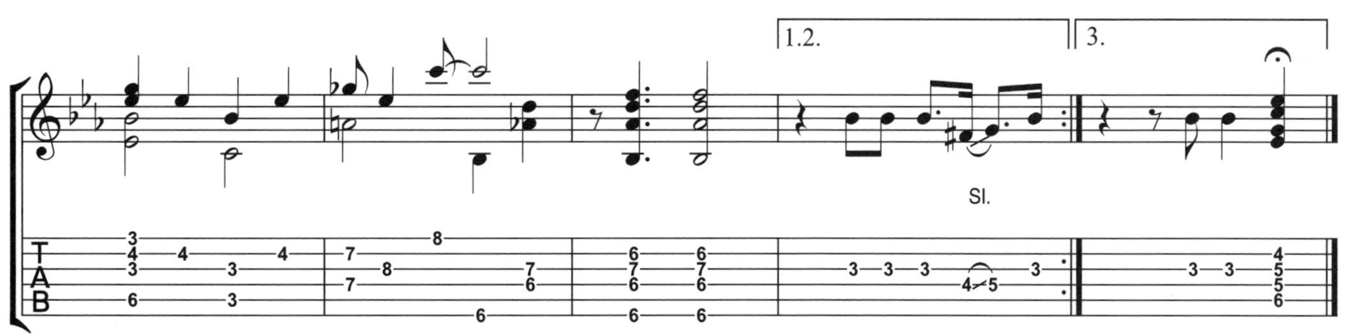
1.2.
3.
Sl.

# J'SUIS V'NUE

Modéré
Eb Cm7 Adim7 Bb9 Eb Cm7 F7/9b Bb9
J'suis v'nue nue sous mon man - teau Dans l'plus strict in - co - gni - to
Eb Cm7 F7/9b Bb9 Bb7 Eb Cm7
Me mê - ler à la ra - caille J'm'en - ca - naille ! Sous mon man - teau
Adim7 Bb9 Eb Cm7 F7/9b Bb9 Eb Cm7
j'suis v'nue nue Je n'veux pas être re - con - nue J'ai pris l'es - ca -
F7/9b Bb9 Bb7 Eb7 Ab6
- lier d'ser - vice J'ai du vice Ai-je eu tort d'mettr' mes bi - joux,
Bbm6 Ab7M F9 Bb7M F7/5+ Bb7/5+
J'viens d'y pen - ser tout à coup, Tant pis, j'cours l'ris - que et je joue Tout et tout !
Eb Cm7 Adim7 Bb9 Eb Cm7 F7/9b Bb9
Où es - tu mon beau gang - ster Mon cœur ne peut plus se taire
Eb Cm7 F7/9b Bb9 Bb7
Ton bai - ser en - cor' me brûle J'ca - pi - tule !

Cette chanson fut créée par la belle Colette Marchand en 1953 dans le ballet *Ciné Bijou* de Roland Petit, parmi l'une des œuvres les plus réussies du chorégraphe et de sa mythique compagnie, « Les Ballets de Paris ».

*This song was premiered by the beautiful Colette Marchand in 1953 in the ballet* Ciné Bijou *by Roland Petit, one of the most successful works in his mythic choreographer's dance company's (Les Ballets de Paris) repertoire.*

**2**
Soudain dans ce bouge infâme,
Je m'sens infiniment femme ;
Pour hausser un peu le ton,
Qu'attend-on ?
Faut-il donc que je recrute
Un amant parmi ces brutes ?
Trouverai-je en ce boxeur
L'âme sœur ?
J'suis en pleine incandescence,
Je m'tiens avec indécence,
J'ai perdu l'obéissance,
De mes sens !

**3**
J'aim'rais que l'on me sussurre
Des chos's folles et sans censure,
Qu'on m'fasse dans l'cou, j'vous assure,
Des morsures !
P'têtre que demain j'aurai honte,
Mais demain, est-ce que ça compte ?
Cett' nuit, je m'donne au plaisir ;
Qui m'désire ?
J'suis v'nue nue sous mon manteau,
Strictement incognito,
Et, déjà, dans ce costume…
J'm'enrhume !

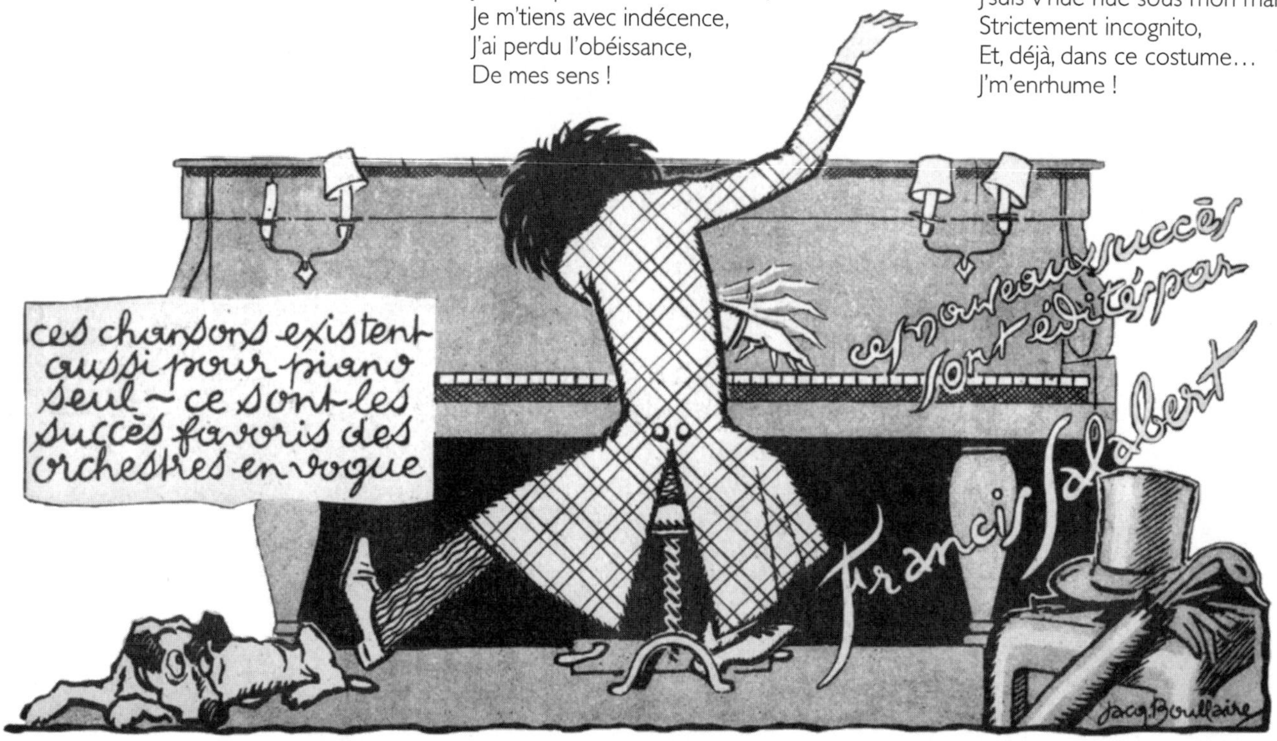

ces chansons existent aussi pour piano seul – ce sont les succès favoris des orchestres en vogue

ces nouveaux succès sont édités par Francis Salabert

Jacq Boullaire